Historia de Taiwán

Una guía fascinante de la historia de Taiwán y su relación con la República Popular de China

© **Copyright 2020**

Todos los derechos reservados. Ninguna parte de este libro puede reproducirse de ninguna forma sin permiso por escrito del autor. Los revisores pueden citar breves pasajes en las revisiones.

Aviso Legal: ninguna parte de esta publicación puede ser reproducida o transmitida de ninguna forma o por ningún medio, mecánico o electrónico, incluyendo fotocopias o grabaciones, ni por ningún sistema de almacenamiento y recuperación de información, ni transmitida por correo electrónico sin permiso por escrito del editor.

Si bien se han realizado todos los intentos para verificar la información proporcionada en esta publicación, ni el autor ni el editor asumen ninguna responsabilidad por errores, omisiones o interpretaciones contrarias de la materia en este documento.

Este libro es sólo para fines de entretenimiento. Las opiniones expresadas son las del autor solo y no deben tomarse como instrucciones u órdenes de expertos. El lector es responsable de sus propias acciones.

El cumplimiento de todas las leyes y regulaciones aplicables, incluidas las leyes internacionales, federales, estatales y locales que rigen las licencias profesionales, las prácticas comerciales, la publicidad y todos los demás aspectos de hacer negocios en los EE. UU., Canadá, el Reino Unido o cualquier otra jurisdicción, es responsabilidad exclusiva del comprador o del lector.

Ni el autor ni el editor asumen responsabilidad u obligación alguna en nombre del comprador o lector de estos materiales. Cualquier percepción leve de cualquier individuo u organización es puramente involuntaria.

Contents

INTRODUCCIÓN 1

CAPÍTULO 1: FORMOSA: LA ISLA HERMOSA 4

CAPÍTULO 2: LA LLEGADA DE LOS CHINOS Y SU RELIGIÓN 8

CAPÍTULO 3: LOS AÑOS DE LA COMERCIALIZACIÓN HOLANDESA 15

CAPÍTULO 4: LOS MING, LOS QING Y JAPÓN: LOS AÑOS DE GUERRA 21

CAPÍTULO 5: EL TAIWÁN JAPONÉS 28

CAPÍTULO 6: LA GUERRA SINO-JAPONESA Y LA SEGUNDA GUERRA MUNDIAL 36

CAPÍTULO 7: TAIWÁN DESPUÉS DE LA SEGUNDA GUERRA MUNDIAL 44

CAPÍTULO 8: LA DEMOCRACIA NACIENTE 51

CONCLUSIÓN 57

BIBLIOGRAFÍA 61

Introducción

La historia de Taiwán es asombrosa. Las sociedades de la era neolítica alrededor del año 3000 a. C., parecen haber sido determinadas por la topología de la isla. La identidad étnica original de los pueblos indígenas es probablemente austronesia, es decir, de Filipinas, Oceanía (Pacífico Sur), Malasia y Madagascar. Algunos de los chinos de la dinastía Sui llegaron más tarde, entre los años 581 y 618. Esta mezcla de personas se estableció en las tierras bajas de la Cordillera Central, la principal cordillera de Taiwán. Allí cultivaban en terrazas y cazaban ciervos de cuernos largos en las laderas. La gente pescaba a lo largo de las costas occidental y meridional. Las ostras, en particular, siguen siendo extremadamente comunes, y no es raro encontrar conchas vacías a lo largo de la costa por los banquetes que se dan los roedores y comadrejas. Parte del área de la cuenca era tan húmeda que las casas de bambú fueron construidas sobre pilotes. Hoy en día, las tortillas de ostras son populares y todos los turistas deben probarlas.

Políticamente, Taiwán era una cultura de señores de la guerra. Los portugueses, al pasar por la isla a mediados de la década de 1540, llamaron a la isla "Ilha Formosa", que significa "Isla Hermosa".

Luego, los holandeses llegaron en la década de 1620 en busca de una base de operaciones para la Compañía holandesa de las Indias Orientales. Las relaciones entre estos hombres blancos extrañamente vestidos y de habla extranjera y la gente de esta isla subtropical eran desconcertantes y difíciles.

Luego llegaron los chinos Han en el siglo XVII. Muchos de estos chinos Han eran refugiados de las guerras en China. Esta afluencia causó una reacción explosiva. Durante años, las relaciones entre los pueblos de la isla pasaron de beneficiosas a hostiles, ya que fue un choque de civilizaciones. Muchas de las colonias comerciales holandesas finalmente se volvieron lucrativas para las poblaciones nativas e inmigrantes, que se mezclaron y se casaron. Los juncos chinos, un antiguo velero chino que todavía se usa hoy en día, navegaban las aguas, junto con los piratas que asaltaban las costas y los mares llevando opio a China y Taiwán.

Los taiwaneses expulsaron a sus dioses míticos de serpientes marinas en favor de las creencias tradicionales del taoísmo y el confucianismo, que muchos occidentales envidiosos luchan por aprender incluso hoy.

¡Y luego llegaron los japoneses en 1894! Taiwán fue sometido a un programa de inculcación de la cultura japonesa. Toda la gente de Taiwán tuvo que aprender japonés, y los santuarios sintoístas surgieron en todas partes. Los señores japoneses eran a veces tiránicos, y los chinos y taiwaneses que vivían allí crearon lazos más fuertes entre ellos. Fue entonces cuando comenzaron las rebeliones, y continuaron durante años hasta que se fusionaron en el período de las dos Guerras Mundiales.

Luego vino Chiang Kai-shek en 1949. Despertó el conflicto entre los vestigios de las influencias japonesas y la República de China. De hecho, muchos de los japoneses que vivían en Taiwán fueron repatriados.

Después de haber sufrido tantas invasiones culturales y políticas, surgió una nueva generación de taiwaneses que querían liberarse de la opresión que habían enfrentado durante décadas, aunque había algunos que querían el socialismo y el comunismo. Taiwán ni siquiera es reconocido como un país soberano independiente por todos los países del mundo de hoy. Lea ***La historia de Taiwán: la historia de una isla que camina por la cuerda floja en busca de su identidad, equilibrio y destino.***

Capítulo 1: Formosa: La Isla Hermosa

Alrededor del año 3000 a. C., las personas llegaron a Taiwán desde las islas y países del sudeste asiático, como Malasia, Madagascar y Polinesia. En aquellos días, había un puente terrestre, por lo que la flora y la fauna también migraron con ellos a Taiwán. Debido a la existencia de ese puente terrestre, Taiwán no era una isla. Taiwán se convirtió en una isla cuando los mares se levantaron, envolviendo el puente terrestre convirtiéndolo en lo que ahora es el estrecho de Taiwán. El Yu Shan, también conocido como monte Yushan, se cierne sobre el área noreste de la isla a casi 13.000 pies. Al oeste de la cadena montañosa taiwanesa se encuentran las tierras bajas.

Los taiwaneses eran tribus resistentes de los pueblos indígenas, que incluían a los Siraya, una comunidad que todavía existe en la actualidad, que vino a cultivar arroz, caña de azúcar y mijo de cola de zorro en terrazas excavadas en las tierras altas y criar su ganado en las laderas más bajas. También hubo aborígenes de las llanuras, o Makatao, que se establecieron en las tierras bajas. El pueblo taivoan se estableció en las colinas y el área de la cuenca, y el pueblo Paiwan vivía en la zona montañosa del centro sur. Las granjas de estos pueblos fueron diseñadas en anillos concéntricos. El anillo interior era para sus hogares y jardines, el anillo secundario para las plantaciones de la familia y el tercer anillo para las verduras de la familia. El resto de la tierra agrícola era para toda la comunidad. Sus casas de bambú y paja fueron construidas sobre pilotes, y la gente hizo ofrendas a dioses como Shou, también conocido como el dios de la longevidad. Era el dios a quien la gente recurría para evitar que las aguas se elevaran demasiado y ahogaran sus hogares y tierras.

Las mujeres cultivaban los campos en las mesetas más altas, y los hombres cazaban gtsod, un antílope tibetano con cuernos, o pescaban. Los hombres de las tierras bajas cazaban el venado sika y el venado sambar. Había una gran cantidad de vida marina cerca de la costa occidental, siendo las ostras las más populares. Sus conchas de calcita eran usadas para tallar herramientas de corte. Los aborígenes también formaron cuchillos aserrados inteligentes llamados azuelas, hechos de piedra y luego de sílex. La gente bebía vino de arroz, y las mujeres hacían bolas de arroz para que sus maridos las llevaran cuando cazaban.

El pueblo Siraya era una sociedad matriarcal, y las mujeres alguna vez sirvieron como sacerdotisas y oráculos. El futuro esposo de una mujer se casaba con su familia, pero esto solo sucedía después de que él tuviera treinta años cuando ya no cazaba. Se esperaba que los hombres aborígenes de las llanuras y las tierras altas estuvieran preparados militarmente.

¡Los Caza cabezas!

A excepción del pueblo Yami, un grupo que todavía vive en la Isla Orquídea en el estrecho de Taiwán, y el pueblo Ivantan, los aborígenes de Taiwán practicaban la caza de cabezas. El pueblo Yami es simplemente otro nombre para el pueblo Tao. Su dios era Simo-Rapao, y la caza de cabezas era una violación de la creencia del Tao, ya que Simo-Rapao consideraba que toda la vida era sagrada.

Las redadas se originaron principalmente en la gente de las tierras altas. Una vez que mataban a sus víctimas de las tribus de las tierras bajas, les quitaban las cabezas. Fue un proceso espantoso. La piel se eliminaba primero haciendo una incisión detrás de la oreja. Una vez que se separaba del cráneo, se insertaba una pequeña bola de madera para mantener su forma después de encogerse. Los labios eran cosidos y la carne hervida en agua que contenía taninos. Los taninos son mezclas a base de plantas o savia de la corteza de roble que actúa como astringente, reduciendo así la piel alrededor de la bola. Luego cubrían la piel con cenizas para evitar que el alma vengativa, llamada Muisak, escapara. Los guerreros llevaban las cabezas encogidas como trofeos, pero solo lo hacían temporalmente, ya que eran necesarias para futuras ceremonias religiosas.

Se creía que la caza de cabezas reducía el poder de una tribu enemiga. Además, se pensaba que la persona que había sido asesinada serviría a su asesino por el resto de sus días.

Idas y venidas de los chinos

Un antiguo historiador, Ma Tuan-hiu, relató que el pueblo chino del continente asaltó Taiwán en el siglo VII a. C. Desembarcaron en la costa sur, exigiendo tributo de la gente de las tierras bajas a sus líderes en la dinastía china Sui. Obstinadamente, los Siraya se negaron. Los merodeadores quemaron sus aldeas de bambú, y muchos fueron sacrificados sin piedad. Luego su sangre se usó para calafatear sus botes, horrorizando a los sobrevivientes. Pero, aun así, los sobrevivientes se negaron a pagar el tributo. Algunos huyeron a las colinas y montañas, pero otros se mantuvieron firmes. Frustrados por estos "hombres salvajes del Sur", como los llamaban, los chinos se fueron sin el tributo exigido.

El Hierro Tahu

Los aborígenes taiwaneses se dieron cuenta de las armas de hierro y las decoraciones corporales de los chinos y quisieron imitarlas. La cultura Tahu, descendientes de los aborígenes del sur de Taiwán, también quería aprender esa habilidad. No solo era útil para ellos, sino que también se podía intercambiar con otros pueblos visitantes. Entonces, desde el año 400 a. C., lo extrajeron en las regiones montañosas, pero el proceso de extracción no fue fácil. La gente construyó lo que se llamó "bloomeries", u hornos de arcilla. En la base, colocaron carbón y el mineral, originalmente en forma de piedra con manchas rojizas. Las impurezas se oxidaban y salían del horno a través de una pequeña chimenea. Lo que quedaba después de que los otros elementos se quemaban, era una forma cruda de hierro. Cuando está caliente, es esponjoso, por lo que los primeros herreros pudieron moldearlo en sus formas deseadas. Desde el pueblo Tahu, la práctica se extendió a la Cultura Niaosung, entre otros. El hierro también se usó para la acuñación primitiva.

Capítulo 2: La Llegada de los Chinos y su Religión

A partir del siglo III d. C. hubo una afluencia de personas chinas a Taiwán. Durante esos primeros siglos, había tres reinos chinos principales que competían por el poder: el Cao Wei, el Shu Han y el Sun Wu. El sustento principal de los Shu Han era la agricultura, y muchos eran pescadores. En su estado estaba el río Amarillo, un río poderoso que traía beneficios, pero con él también vinieron inundaciones y sequías cuando el río se secó. En esos días primitivos, las personas de edad contaban sus historias a través de mitos y leyendas. En la historia de su héroe mítico, el gigante Kua Fu, se habla de una gran sequía. Kua Fu era amable y quería ayudar a su gente que se moría de hambre en el calor sofocante mientras sus plantas morían. Miró enojado al sol y sintió que debía darle una lección. Decidió que iba a perseguir y capturar al gran sol en el este. Corrió apresuradamente, pero a menudo se detenía para beber de las aguas de los arroyos y ríos, incluido el río Wei. Siguió corriendo y corriendo, pero tenía tanta sed que se tomó toda el agua del río Amarillo y se secó. Agotado después de días de carrera, se derrumbó y murió. En donde yacía su cuerpo, creció un gran bosque de duraznos, alimentando y apagando la sed de la gente.

En el siglo tercero, los Tres Reinos lucharon entre sí. El Cao Wei se estableció en el norte (donde se encuentra el río Wei del mito) y luego se trasladó a lo que ahora es el norte de China. El Sun Wu conquistó la tierra de los Shu Han, donde los duraznos se cultivaron en abundancia (también es la ubicación del bosque Donglin). La gente de Sun Wu (o Dong Wu) se estableció alrededor del río Yangtze en la región oriental. Eran comerciantes y también extraían sal y otros metales.

La civilización Han tenía tres subgrupos que cruzaron el estrecho de Taiwán. Los Han propiamente dichos, el pueblo Hakka y los Wu. El reino de Wu también se consideraba el "continente". Los continentales eran los granjeros y pescadores mencionados anteriormente, pero los Hakkas eran los marginados de China, y llegaron huyendo de la persecución en busca de la paz. Originalmente emigraron a la isla desde Mongolia. Los Han se convirtieron en granjeros y pescadores, y también formaron la clase mercantil. Con el tiempo, alquilaron muchas tierras propias a los agricultores.

Confucianismo

El pueblo de Taiwán buscó ir más allá del mito y la magia que impregnaba su cultura, y miraron hacia el pueblo Han y a una de sus religiones, el confucianismo, para lograrlo. Como eran en su mayoría cultivadores de la tierra y los mares, vieron sus vidas como ciclos. Para cada día, había una noche, y las estaciones cayeron en un patrón. Confucio era un erudito religioso que consideraba la totalidad de la tierra y el cielo como un ciclo interminable del yin y el yang, siempre dando vueltas, pero en espiral hacia la unidad. También enseñó compasión, ya que trajo la paz. Se libraron demasiadas guerras sangrientas que entraron en conflicto con la felicidad que todos merecían. El objetivo de toda la humanidad era lograr la unidad con la vida. El confucianismo no habló de un dios personal, sino de la esencia del amor y de la vida.

En el confucianismo, Tian es el dios del cielo a quien se debe respeto y se deben realizar rituales sagrados para demostrar esa creencia. Tian es eterno y juzga a todas las personas, independientemente de si son buenas o malas. Según el filósofo confuciano Xunzi, "el curso de Tian tiene regularidades, que no existen para el sabio, Yao, y luego desaparecen para el tirano, Jie".

Los cinco principios de esta tradición son Ren (humanidad), Yi (rectitud), Li (rito), Zhi (conocimiento) y Xin (integridad). Confucio evitó la barbarie de los cazadores de cabezas del pasado y la avaricia de aquellos que lideraron solo en virtud del nacimiento, respondiendo con una forma alternativa de vivir. Llamó a ese camino el "camino del medio". Es el camino que conduce entre el cielo y la tierra. Brota del li, que es la interacción de todo lo que se encuentra entre humanos, objetos y estados, como reír y llorar. Una verdadera comprensión de los principios de li conducirá al equilibrio. Confucio valoraba la lealtad a su gobernante, pero recomendaría la rebelión si ese gobernante se considerara verdaderamente malvado, un hecho poco conocido de esta enseñanza.

El culto a los antepasados es un nombre inapropiado que a menudo se aplica a los chinos. No es "adoración" per se; es más una reverencia por los antepasados. Incluso hoy, los cristianos chinos celebran ceremonias anuales respetando los recuerdos de sus antepasados. Continúan tallando figuras de sus antepasados inmediatos en esteatita o jade, y se pueden ver figuras de piedra de hombres mayores con bastones, pescadores, mujeres cargando hojas y maestros con pergaminos. Todavía hoy se cree que sus ancestros aún los protegen y los guían.

Es importante señalar que la esteatita es una roca metamórfica con un alto contenido de talco y es una de las piedras más suaves. El jade es una piedra más cara compuesta de aluminio y calcita. Tiene un tinte verde, que es el color de la vitalidad y la vida.

Taoísmo

El pueblo Han trajo el taoísmo cuando se mudaron a Taiwán. El taoísmo es una creencia en la inmortalidad del alma humana, pero es una inmortalidad que solo se puede lograr observando los preceptos del Tao, que literalmente traducido significa "el camino."

El Tao es una creencia en el universo y la unidad de la vida. Requiere austeridad y la práctica de una vida virtuosa. El taoísmo es una evolución del confucianismo. Al igual que el confucianismo, se trata de un equilibrio, ya que se espera vivir una vida en armonía con el mundo natural. El taoísmo reconoce que existe una vida futura, pero nunca se enfoca en ella como lo hacen las religiones abrahámicas. En cambio, se relaciona con una transformación del ser corporal al espíritu iluminado, a lo que algunos se refieren como el "alma".

Las raíces del taoísmo se remontan a la prehistoria, pero su portavoz más famoso fue Lao Tzu. Exaltó al líder idealista como aquel que "es mejor cuando la gente apenas sabe que existe. Cuando su trabajo esté terminado, su objetivo cumplido, la gente dirá que lo hicieron ellos mismos".

El taoísmo valora la simplicidad y ve la vida como un proceso creado por el yin y el yang. La tierra es vista como una progresión creativa y dinámica. Los taoístas son panteístas y creen en muchas deidades. La deidad más alta es Yu Huang, quien nunca cambia y gobierna con compasión y comprensión. Simbólicamente, está representado por el sol, la luna y la progenie de su unión. Yu Huang es el dios de los vivos y los muertos, y juzga a las almas fallecidas y decide su destino eterno.

La Rebelión del Turbante Amarillo

Zhang Jue, quien fue el líder de la Rebelión del Turbante Amarillo, escribió al respecto, diciendo: "El Cielo Azul ya está muerto; el cielo amarillo pronto se levantará". El "cielo azul" se refiere al gobierno Han, y el "cielo amarillo" fue el término que Zhang Jue le dio a los campesinos que trabajaban laboriosamente a lo largo del río Amarillo y estaban siendo aplastados por su emperador, Emperador

Ling. Entre los años 184 y 205 EC, los primeros seguidores del taoísmo bajo Zhang Jue se rebelaron en nombre de los campesinos rudos y forzados a trabajar. Llevaban turbantes amarillos o bufandas. El gobierno Han pudo haber prevalecido, pero los campos quedaron devastados durante la guerra y llegó la hambruna. Los que pudieron emigraron a Taiwán.

Esta rebelión del siglo III se remonta al período pacífico del Emperador Amarillo, es decir, Huangdi del período antiguo. Algunos creen que fue un líder prominente que más tarde fue deificado, mientras que otros creen que fue un dios que se incorporó a la lista de figuras históricas. Huangdi fue un gobernante cósmico que trajo paz y prosperidad, y fue el héroe legendario del pueblo reprimido por la sucesión de líderes dinásticos imperialistas y autocráticos.

La Gente del Loto Blanco

Según los teóricos genéticos, el pueblo Hakka era del norte de China y algunas provincias continentales de China. Sin embargo, a diferencia de otros grupos chinos Han, los Hakka no se identifican por sus tierras de origen, sino por su idioma. Los que se habían establecido en el valle del río Amarillo se vieron particularmente afectados debido a las inundaciones. Miles de trabajadores fueron enviados a construir diques, pero tuvieron dificultades para controlar las crecidas del río. El pueblo hakka desencadenó rebeliones y disturbios cada vez que se recaudaban impuestos. Por lo tanto, muchos de los antepasados de los Hakka emigraron a Taiwán durante la dinastía Qin en el siglo III, y hubo grandes oleadas de migraciones desde entonces hasta el siglo XVIII.

Algunos de los campesinos que se establecieron allí eran seguidores del Loto Blanco, un movimiento religioso y político. El movimiento del Loto Blanco celebra el viaje de una persona desde el materialismo hasta la iluminación. Sus creencias provienen del budismo, y estas personas creen que la madre eterna reunirá a todos sus hijos en una familia llena de paz; sin embargo, esto solo podría hacerse después de que se superaran muchos obstáculos.

A principios del siglo XIV, los miembros del Loto Blanco se preocuparon y sintieron que la diosa madre estaba enviando presagios de muerte pendiente si ellos permanecían inactivos contra las injusticias que soportaban. Las inundaciones causaron una disminución en la agricultura y los señores del Yuan no tenían compasión. El gobierno de Yuan liderado por los mongoles carecía de compasión, pensando más en sí mismos que en la gente. La catástrofe económica que afligió al pueblo se complicó aún más por la llegada de la peste negra.

El más sano entre la gente del Loto Blanco organizó la causa de la Rebelión del Turbante Rojo contra el sistema dirigido por los señores de la guerra. De vez en cuando, los rebeldes lucharon contra el Yuan bajo el glorioso liderazgo de Zhu Yuan Zhang, quien se convirtió en el Emperador Hongwu, el primer emperador de la dinastía Ming. Su sabio gobierno comenzó en 1368, y construyó una formidable armada de buques de guerra porque los piratas japoneses los atacaban constantemente, especialmente durante la época de la cosecha.

Budismo

El budismo fue llevado a Taiwán durante la dinastía Ming en el siglo XVII cuando los holandeses gobernaron la isla. La gente provenía del sureste de China, pero tenía que mantener sus prácticas ocultas, ya que los holandeses pensaban que sus estatuas de Wusheng Laomu, la antigua diosa madre, y Guanyin, la diosa de la compasión, no eran las representaciones de las figuras espirituales que representan, sino que eran dioses (ídolos) de ellos mismos.

El objeto de esta religión es la iluminación, es decir, un estado de paz suprema dentro del ser y la unión del ser con el mundo sin sus emociones y negatividades disruptivas. De esta libertad fluye la sabiduría. Las nobles verdades que existen son la existencia en el sufrimiento (dukkha), el caso del sufrimiento que es el deseo terrenal (trishna), la cesación del sufrimiento (nirvana) y el camino de la justicia que surge de esos principios.

El budismo creció después de la expulsión de los holandeses, y ahora es la religión más grande en Taiwán.

Capítulo 3: Los años de la Comercialización Holandesa

El comercio a través de los Juncos

En el estrecho de Taiwán se encuentra una colección de islas que fueron colonizadas por el pueblo Han, conocidas como las islas Penghu. Muchos de los primeros taiwaneses establecieron pueblos de pescadores allí. Navegaron por el estrecho de Taiwán y el Pacífico occidental en el Junco chino clásico. Los Juncos son unas embarcaciones construidas en madera con un interior de bambú. La cal se mezclaba con aceite de tung, que se obtenía del árbol de tung, lo cual actuaba como un sellador. El aceite de tung tiene la característica de endurecerse casi al contacto. Más tarde, se utilizó la resina de árbol ch-nam para calafatear. Dentro del Junco, había una multitud de compartimentos interiores que servían para contener las inundaciones. El inventor estadounidense, Benjamín Franklin, usó cámaras diseñadas del Junco chino para mantener el correo seco cuando enviaba paquetes a través del Atlántico.

La mayoría de los Juncos tienen una placa central que sobresale de la quilla y ayuda a estabilizar el barco. Los pescadores marítimos de las islas Penghu y el sur de Taiwán crearon timones centrales retráctiles porque algunas de las aguas eran poco profundas. Los colonos posteriores que visitaron Taiwán los adoptaron.

Después de que se descubriera el hierro en Taiwán, las herramientas de hierro, el hierro en bruto, la plata y las ollas de porcelana blanca o azul / blanca y los recipientes para beber se enviaron en los Juncos comerciales. Los productos fueron enviados a lo largo de una ruta llamada Ruta de la Seda Marítima que conectaba China, el sudeste de Asia, India, la Península Arábiga, Somalia, Egipto y Europa. A manera de intercambio y de regreso a Taiwán, los Juncos transportaron especias como pimienta, incienso y sangre de dragón, que era una resina de color rojizo utilizada para barnizar e incluso medicina.

Cerámica

Los arqueólogos encontraron en Taiwán muchas ollas hermosas y vasijas de agua y vino hechas de arcilla que datan de los siglos IX y X a. C. El fondo es de color claro, y los diseños lineales y esféricos aparecen más oscuros cuando la arcilla se seca. Las líneas más oscuras (o "cuerdas rojas") se crean deteniendo el proceso de cocción y cubriendo las áreas lineales y esféricas con cuerdas antes de recalentar la cerámica. Otra técnica que usaron fue la impresión del tejido de canasta enrollado sobre el recipiente.

La cerámica china también se fabricó en los hornos de Taiwán. La gente había aprendido nuevas técnicas para calentar sus hornos hasta 1400 ° C (más de 2550 ° Fahrenheit). Eso transformó la mezcla de arcilla / cuarzo y le dio a la cerámica una calidad translúcida.

Los holandeses contra los chinos y los aborígenes

A principios del siglo XVII, Taiwán fue visitada principalmente por pescadores, piratas y contrabandistas chinos. No hubo asentamientos chinos permanentes aparte de los de las costas. Sin embargo, a lo largo de la década de 1600, los comerciantes marítimos españoles, japoneses, chinos, ingleses y holandeses, querían convertir a Taiwán en colonias comerciales pacíficas donde las empresas comerciales podían producir y vender hierbas y metales.

La Compañía holandesa de las Indias Orientales fue la primera en intentar hacerlo, tratando de establecer un puesto en las Islas Penghu en 1622, pero fueron expulsados por las fuerzas Ming. Sus barcos, bajo el mando de Marten Sonck, se vieron obligados a abandonar el área después de los brutales ataques de los guerreros chinos e isleños bajo el mando de los generales Yu y Wang Megxiong.

A partir de ahí, los holandeses se trasladaron al sur e invadieron una península en el distrito de Anping, donde establecieron una gran fortaleza llamada Fuerte Zeelandia en 1624. Los holandeses y los miembros de las tribus aborígenes originales estaban decididos a pacificar a los chinos hostiles para establecer una colonia comercial desde la que podían enviar hierbas, especias, hierro, plata y oro. En particular, Mattau, ahora el moderno distrito de Madou, en las colinas más bajas y el área de la cuenca de Taiwán, donde viven los aborígenes taivos, resistió la afluencia holandesa con gran ferocidad, matando a soldados holandeses y destruyendo sus edificios. Los holandeses enviaron refuerzos y finalmente pudieron someter a las personas que vivían allí en 1635.

Después de sucesivos ataques, los holandeses pudieron controlar varias aldeas, incluidas Sakam, Soulang, Bakloan y Sinkan. Las personas en las aldeas participaban en el comercio local entre sí, proporcionando a sus vecinos venado, pescado y leña, pero no les gustaba la interferencia. Finalmente, los pueblos indígenas establecieron una relación de trabajo con los holandeses, pero fue de corta duración. Las tribus a veces se atacaban entre sí, comenzaban insurrecciones y seguían realizando expediciones de caza de cabezas. Para empeorar las cosas, piratas chinos y japoneses atacaron las ciudades desde alta mar.

Además de las incursiones piratas, estalló la guerra entre los chinos de la dinastía Ming y los holandeses en el mar. En 1633, el almirante chino Zheng Zhilong derrotó a los holandeses en la batalla de la bahía de Liaoluo. Las revueltas y rebeliones internas continuaron hasta que muchos de los habitantes de Taiwán vieron que aquellos que habían establecido relaciones con los holandeses estaban en paz. Cada vez más pueblos se presentaron y ofrecieron paz a cambio de la protección holandesa. Esa paz, conocida como la pax Hollandica, ocurrió en 1636, y demostró que la Compañía holandesa de las Indias Orientales ahora tenía un control firme del suroeste de la isla, a la que se referían como Formosa. Después de eso, los holandeses alquilaron sus tierras a los granjeros y pescadores nativos y también les pagaron impuestos.

Los holandeses también promovieron la migración de inmigrantes chinos Han. Sin embargo, la relación entre los dos fracasó cuando los funcionarios holandeses aumentaron los impuestos y se descubrió que eran corruptos, ya que algunos exigieron favores sexuales de las mujeres aborígenes, así como regalos de pieles y arroz. Como resultado, se produjo un levantamiento en 1652 llamado Rebelión Guo Huaiyi. Los holandeses sofocaron la rebelión, mataron al 25 por ciento de los que participaron y vendieron a otros como esclavos. También prohibieron sus provisiones de hierro y sal.

La Caída de Fuerte Zeelandia y las Colonias Holandesas

El Fuerte Zeelandia se sentó en una entrada a la Bahía de Liaoluo en forma de U, mientras que un fuerte hermano, Fuerte Provintia, estaba en el otro extremo. En 1661, un líder chino llamado Zheng Chenggong, mejor conocido como Koxinga, un leal y guerrero Ming, quería establecer su propio reino en la muy apreciada área holandesa de Zeelandia. Navegó desde el mar al sur de Taiwán y atacó a los mosqueteros holandeses, derrotándolos. Los holandeses atacaron a los juncos chinos, pero Koxinga prevaleció a lo largo de la costa y construyó fortificaciones cerca del fuerte. Más tarde, sus muchos guerreros, equipados con escudos de hierro de cuerpo entero, atravesaron a los defensores holandeses y los masacraron por completo.

Los soldados holandeses restantes aún estaban escondidos en la guarnición del Fuerte Zeelandia mientras los atacantes chinos realizaban ataques masivos contra sus fuerzas de vanguardia. Al ver que los chinos estaban a punto de prevalecer, los taiwaneses de Sakam, Soulang, Bakloan, Sinkan y otras colonias holandesas se aliaron con los chinos, colocando a los holandeses en una posición precaria.

Koxinga también se alió con esclavos escapados que sabían usar mosquetes, rifles y cañones. Otros chinos enviaron descargas de flechas contra los holandeses. Los holandeses habían juzgado seriamente la fuerza y la ferocidad de sus enemigos y fueron empujados lentamente hacia el mar. Según el historiador William Campbell, los hombres de Koxinga "presionaron continuamente hacia adelante, a pesar de que muchos fueron derribados; sin detenerse a considerar, sino siempre apresurándose como perros locos".

Ataques y tortura en represalia

Una vez que la palabra de esta humillante derrota llegó a los holandeses en su cuartel general en Yakarta (en la actual isla de Java), enviaron más buques de guerra. Los hombres de Koxinga habían bloqueado el Fuerte Zeelandia, por lo que solo se intentaron operaciones a pequeña escala en el mar, pero todos fracasaron. Un mes después, se inició otro asalto, pero también fue repelido. Los soldados holandeses se aferraron valientemente a la guarnición, pero como se estaban quedando sin municiones y suministros, huyeron en 1662.

Koxinga esencialmente asumió el liderazgo de la mayoría de los colonos aborígenes y taiwaneses. Dos meses después, Koxinga volvió a organizar un asalto ofensivo para librar a Formosa del resto de los holandeses. El general Frederick Coyett del Fuerte Zeelandia y el general Valentyn del Fuerte Provintia se vieron obligados a rendirse contra el poder del gran Koxinga. Koxinga luego renombró a Formosa como el Reino de Tungtu en 1662. Su hijo más tarde le cambió el nombre a Reino de Tungning.

Capítulo 4: Los Ming, Los Qing y Japón: Los años de Guerra

Koxinga murió solo unos meses después de la caída de Fuerte Zeelandia, y su hijo, Zheng Jing, se hizo cargo. Zheng Jing promovió la migración china para reclutar a esos migrantes en el servicio militar. Como también quería evitar una toma de poder por la dinastía Qing de China, que se estableció en 1636, Zheng Jing otorgó la propiedad gratuita de la tierra a los campesinos que trabajaban la tierra y realizaban el servicio militar. En esta época la educación casi se detuvo.

En 1683, los pobladores que eran leales a Ming y que se habían establecido en Taiwán no pudieron resistirse contra las enormes fuerzas de la dinastía Qing, y el nieto de Koxinga, Zheng Keshuang, se vio obligado a rendirse ante la dinastía Qing.

El Periodo Oscuro

Xuanye, el cuarto emperador de la dinastía Qing y también conocido como el Emperador Kangxi, tenía poco interés en Taiwán. Lo llamó "bola de lodo". Por lo tanto, restringió la migración desde China continental y erigió fortalezas de tierra entre las llanuras al oeste y las tierras altas del este. Aquellos con rutas aborígenes se establecieron en las tierras altas cuando la dinastía Qing no logró convertirlos en contribuyentes. Los que vivían en el oeste pagaban impuestos a los magistrados imperiales Qing y alquilaban sus tierras, principalmente para la agricultura.

Los Qing también descubrieron que Taiwán era difícil de gobernar, ya que los enfrentamientos étnicos continuaron entre los pueblos Han y Hakka, así como con los pueblos aborígenes restantes y los pueblos alienados de otras culturas como los japoneses. Incluso los clanes Han de los distritos más pequeños se peleaban entre sí.

A pesar de la limitación a la emigración de China, los chinos descontentos se mudaron gradualmente a Taiwán. A principios del siglo XIX, había dos millones de inmigrantes chinos.

Las Guerras del Opio

Gran Bretaña vio la ventaja estratégica de utilizar China y Taiwán como centros comerciales. Codiciaban Taiwán sobre todo porque estaba completamente rodeado de agua y, por lo tanto, era accesible para el envío del Opio. La Primera Guerra del Opio se libró entre los años 1839 y 1842. Gran Bretaña quería controlar Taiwán y China, pero primero necesitaba detener el comercio de opio. El opio fue fabricado en la India y luego llevado a través del mar por piratas británicos a China, Taiwán y naciones del este. El gobierno chino también decidió poner fin al tráfico de opio.

Las tropas imperiales chinas y los marineros británicos compitieron entre sí comercialmente en lugar de cooperar, y, en consecuencia, estallaron hostilidades entre ellos. Luego, los chinos establecieron un bloqueo contra las embarcaciones extranjeras en el puerto de Hong Kong, lo que permitió a los monopolios chinos, como el Cohong de la provincia de Cantón, controlar el negocio de importación y exportación. Los británicos tomaron represalias bombardeando el puerto de Tingha junto con algunos otros puertos. Los guerreros Qing demostraron que no estaban dispuestos a luchar contra las armas y los cañones de los buques de guerra británicos y finalmente se rindieron en 1842. Ahora, los británicos tenían el control del comercio de Hong Kong.

Como resultado del Tratado de Nanking (o Nanjing) de 1842, los chinos acordaron pagar una indemnización a Hong Kong y se la cedieron a los británicos. Después de negociaciones sucesivas, se designaron otros puertos para el uso del comercio británico-chino.

La Segunda Guerra del Opio se libró entre China y las fuerzas de Gran Bretaña, Francia y Rusia entre 1856 y 1860. Los problemas surgieron sobre la legalización del opio, la erradicación de la piratería china, la regulación del sistema coolie y relaciones comerciales más abiertas. El sistema coolie consistía en la importación de trabajadores chinos que eran como sirvientes contratados. Se les pagaba menos que la población nativa, pero a cambio se les prometían beneficios de salud.

En este orden de ideas, los países occidentales atacaron y ocuparon la provincia de Cantón. El gobernador de Cantón se rindió, y los británicos y franceses tomaron el control de muchos de los fuertes chinos y quemaron el palacio de verano del Príncipe Gong, un príncipe imperial manchú y un importante estadista de la dinastía Qing dirigida por manchú, en Beijing. La dinastía Qing perdió la guerra y, como resultado, se abrieron muchos más puertos a los países europeos, se legalizó el opio, los chinos pagaron una indemnización por la piratería y se sistematizó el sistema coolie.

Debido a esta guerra, hubo una migración de Manchuria a China continental y a Taiwán. La gente de Manchuria se llama pueblo manchú, y son una minoría étnica. Esta migración continuó en la década de 1940, y aunque representaban una minoría, el pueblo manchú cambió el carácter cultural y la identidad de Taiwán a medida que pasó el tiempo.

La Guerra Franco-China en Taiwán

Gran parte del enfoque de la guerra franco-china se dirigió hacia Vietnam, justo al sur de China en las regiones del delta. El territorio de Tonkin y Annam eran protectorados franceses, y los chinos intentaron obtener el control de esas áreas, ya que era una región lucrativa para la pesca y la agricultura. Los chinos también querían eliminar la presencia de las colonias europeas de la península. Además, las provincias costeras chinas estaban cobrando enormes impuestos por los derechos al comercio, y era una fuente de gran riqueza.

Los franceses también querían los puertos del norte de Taiwán y atacaron Keelung y Tamsui en 1884. También había ricas minas de hierro en esa área, algunas dirigidas por los colonos británicos. Los británicos, que ya estaban establecidos en algunas de las ciudades, no querían involucrarse en esta nueva guerra. La dinastía Qing defendió heroicamente el área, poniendo la mayor parte de su énfasis en Tamsui. Contaba con el apoyo del pueblo Hakka de las colinas, quienes instalaron torpedos y minas terrestres y usaron rifles de largo alcance llamados llave de mecha o serpentín. Los hakka eran hábiles tiradores, y la guerra los había endurecido, sin embargo, sufrieron muchas heridas graves y mutilaciones durante las batallas, pero el hospital allí era excelente, por lo que muchos de ellos se levantaron y pelearon al día siguiente.

En Tamsui, los franceses construyeron un nuevo fuerte, Fuerte Neuf, para proteger la entrada al río Tamsui. Las fragatas francesas se trasladaron al área donde desembarcaron y se dirigieron tierra adentro para enfrentarse a los defensores chinos. El campo de batalla estaba lleno de obstáculos naturales: plantas espinosas, setos altos, matorrales y zanjas profundas. Dentro de ese territorio, los guerreros chinos se escondían. Un gran tiroteo estalló en octubre de 1884, llenando el aire de polvo y pólvora. Las compañías francesas se separaron y fueron empujadas por las poderosas tropas de Sun Kaihua. Los franceses disparaban y disparaban, a veces solo al aire, y como habían disparado a su corneta, no podían hacer sonar para un alto al fuego. Por lo tanto, las tropas continuaron disparando hasta que se quedaron precariamente sin municiones. Finalmente, escucharon una frenética llamada de retirada, y corrieron hacia la orilla para abordar sus botes que esperaban en las aguas agitadas. Algunos de los barcos franceses volcaron en el proceso. El jefe de las fuerzas, el Capitán Garnot, dijo más tarde: "El coraje y la carrera mostrados por nuestros oficiales y marineros, que no habían sido entrenados para una batalla terrestre, no pueden ocultar el hecho de que abrimos fuego de manera desordenada... nuestras tropas perdieron la cabeza, disparando salvajemente al enemigo y usando todas sus municiones en unos minutos".

Uno de sus almirantes navales más influyentes, Amédée Courbet, calificó la acción francesa en Taiwán como "irrelevante". En vista de que Francia consideraba que Tonkin en Vietnam del Norte era más valioso, evacuaron el norte de Taiwán y las Islas Pescadores en alta mar. Un acuerdo preliminar entre China y Francia se suscribió en 1884, seguido del Tratado de Tientsin en 1885. Como resultado del tratado, Francia renunció a su interés en Taiwán y se le permitió retener su protectorado en Vietnam.

Ejecuciones Macabras

En el mercado de Tamsui, las cabezas de los combatientes franceses se exhibían en picas, junto con partes del cuerpo, incluidas las piernas, los brazos y las manos. Estas prácticas bárbaras fueron infligidas principalmente por las manos de los guerreros Hakka, es decir, los nativos de las colinas. Sin embargo, el general chino Sun Kaihua los hizo enterrar reverentemente donde cayeron. Sun Kaihua rindió homenaje a la diosa Mazu, y el emperador, Li Hung-Chang, dijo: "La diosa ha sido amable con la gente y amable conmigo mismo".

La invasión japonesa de Taiwán

En 1894, Japón y China fueron a la guerra. Los japoneses ansiaban muchas de las tierras del norte de China y atacaron allí, comenzando con Manchuria. Los japoneses tuvieron bastante éxito contra las tropas chinas pues estas estaban mal equipadas. Luego, sus ambiciones se trasladaron a las ricas tierras del sur de China, queriendo ganar estas tierras, que incluían a Taiwán, el cual se incluyó en el tratado de paz que sería firmado para poner fin a la guerra. Sin embargo, Taiwán y las islas Penghu fueron excluidas del armisticio. Entonces, los japoneses atacaron las islas Penghu, logrando tomar el control en cuestión de días. Una vez que capturaron las principales guarniciones de las islas Penghu, hubo poco interés por parte de los taiwaneses en luchar pues Japón ya tenía el control de gran parte de China y era bastante fuerte. El primer ministro Itō Hirobumi y el diplomático Munemitsu Mutsu de Japón negociaron con Li Hongzhang y Li Jingfang de la dinastía Qing, que actualmente controlaban Taiwán. Aunque los representantes de Qing intentaron desesperadamente negociar una tregua, no tenían la fuerza para prevalecer sobre los japoneses. Por lo tanto, se vieron obligados a entregar todo Taiwán a Japón. En abril de 1895, Japón ofreció un tratado a Taiwán, el Tratado de Shimonoseki, mediante el cual China cedió a Japón su control sobre Taiwán. Este tratado fue suscrito por el gobierno a regañadientes.

Estruendo sobre Taiwán

Qiu Fengjia, un patriota hakka que vivía en Taiwán, estableció una breve república en el país protegida por una milicia en la que había gastado su riqueza después de que la dinastía Qing cediera sus derechos sobre Taiwán. Sin embargo, una afluencia de casi 10.000 soldados japoneses descendió sobre la administración, destruyendo y atacando el país, matando a hombres, mujeres y niños por igual. Prendieron fuego a sus hogares y granjas. Los defensores taiwaneses libraron una guerra al estilo de la guerrilla e infligieron a los japoneses más daños de los esperados. Estos taiwaneses eran ferozmente independientes. Aunque el gobernador general designado por los japoneses, Kabayama Sukenori, informó a Tokio de que la "isla está asegurada", no lo estaba. Había disturbios fomentados entre la gente y en el norte; había disturbios y rebeliones mensuales.

Para inspirarse, la gente local contaba historias sobre Liao Tianding, un hombre que le robó a los japoneses. Liao abogó por el levantamiento continuo contra el dominio japonés, y las leyendas sobre él surgieron en todas partes en Taiwán. Fue considerado como una "figura parecida a Robin Hood". Circulaban historias sobre curaciones que tuvieron lugar tras su intercesión. Otros afirmaron haber visto su fantasma e indicaron que había salvado la vida de personas enfermas y revirtió la fortuna de los pobres. Se construyeron santuarios en su honor, y los libros para niños se escribieron con el tema de ser valientes contra la opresión.

En conclusión, la efímera República de Formosa duró de mayo a octubre de 1895.

Capítulo 5: El Taiwán japonés

La teoría del "Gotō"

Gotō Shinpei fue un destacado político en Japón, y era el jefe de los asuntos civiles de Taiwán. Gotō creía en desarrollar una estructura teórica que se adaptara a las personalidades de la gente, una que respetara sus historias y tradiciones y preservara su cultura. Llamó a esto sus "principios biológicos".

A Gotō le disgustaba intensamente dar a los países conquistados la apariencia de un estado militar, queriendo que la gente sintiera que eran dignos de hacer contribuciones a la sociedad. Sus maestros y funcionarios usaban ropa secular, y la policía militar fue reemplazada por una fuerza policial reclutada por civiles. Como jefe de departamentos, reclutó a los estadistas taiwaneses mayores, ya que conocían bien a la gente. Hubo un grave problema de salud en la isla debido a la adicción desenfrenada al opio. La adicción al opio era generalizada en China y se extendió a través de los chinos Han que se establecieron en Taiwán. El gobierno sabía que sería imposible erradicar por completo el opio al principio, por lo que restringieron su uso, y las autoridades se hicieron cargo del comercio de opio. Sin embargo, esa fue una solución cuestionable porque el gobierno obtuvo grandes ganancias con el opio. Sin embargo, la adicción al opio se redujo significativamente. Hubo campañas antidrogas y se abrieron clínicas de rehabilitación, pero el opio no se prohibió hasta mediados de la década de 1940. El objetivo final de Gotō era la eliminación total del opio y con ello la desintegración de todas las empresas criminales que vendían la droga.

Industria

Gotō entonces sentó las bases para las finanzas. A través de la aprobación de la Ley del Banco de Taiwán en 1897, el primer banco de la isla, el Banco de Taiwán, se fundó en 1899. El propósito de Gotō al hacer eso fue crear un sistema monetario estable para alentar la inversión de países extranjeros, así como los ciudadanos mismos El banco también otorgó préstamos a personas que deseaban iniciar nuevos negocios. En el Banco de Taiwán, había una tesorería nacional, y su primera moneda fue el yen taiwanés. A diferencia de los bancos occidentales, el Banco de Taiwán estaba compuesto por departamentos especialmente diseñados para atender a diversas industrias, así como a los designados para fines gubernamentales. Hubo divisiones para administrar las finanzas de los campos involucrados en metales preciosos, contabilidad, asuntos legales, bienes raíces e incluso recursos humanos.

Algunas de las corporaciones más grandes del mundo tienen sus historias entrelazadas con el Banco de Taiwán, lo que alentó el progreso y el desarrollo. Dos de los más grandes son Mitsubishi Corporation y Mitsui Group.

China y Taiwán: Primera Guerra Mundial

En 1912, mientras Japón mantenía la ocupación colonial de Taiwán, los revolucionarios chinos derrocaron a la última dinastía de China: la dinastía Qing. Este evento influyó en el desarrollo de Taiwán en los años venideros.

Sun Yat-sen fue el líder vociferante de un nuevo movimiento nacionalista y estableció la República de China. Esta república tendría un presidente, siendo Sun Yat-sen el primero, y delegados de cada una de las provincias. Se redactó una constitución, así como una legislatura bicameral. Sun Yat-sen pidió a las provincias que establecieran una Asamblea Nacional, y renunció a la presidencia en 1912 y la capital se trasladó a Beijing. Dos partidos políticos también estaban en aumento: el Tongmenghui, el partido dirigido por Song Jiaoren y el Partido Republicano, encabezado por Yuan Shikai. El Tongmenghui se reorganizó y se convirtió en el Kuomintang (también conocido como el Partido Nacionalista de China). Sin embargo, el Partido Republicano solo duró un poco más de un año.

Durante la Primera Guerra Mundial (1914 a 1918), China y Japón ejercieron roles de apoyo al mantener abiertas las rutas marítimas para las Potencias Aliadas que luchaban contra los alemanes en el mar. Los chinos no participaron como soldados, pero colaboraron con el mantenimiento de equipos, fábricas tripuladas y municiones fabricadas y enviadas a los países aliados. La guerra fue ganada por los aliados, y Japón la usó para ganar algo de control en China. Sin embargo, solo pudieron obtener el control nominal de la provincia de Shandong en el noreste de China.

Un resultado positivo de la Primera Guerra Mundial fue la estimulación del crecimiento de la economía de Taiwán. Su producción agrícola total se cuadruplicó, las importaciones aumentaron sustancialmente y sus exportaciones también. El puerto de Keelung, construido en 1896 en el noreste de Taiwán, fue actualizado y ampliado para permitir mayores actividades de comercialización. Luego se establecieron planes para el desarrollo de otro puerto en Gaoxiong (Kaohsiung) en el sur de Taiwán. Eso, en particular, ayudaría a la administración colonial japonesa a hacer negocios en el sudeste asiático y con China.

Con el dinero adicional que se invirtió después de la Primera Guerra Mundial, la educación aumentó, una clase empresarial se desarrolló y las empresas privadas aumentaron, aunque todas las compañías debían someterse a la supervisión de las autoridades coloniales. Asimismo, también tuvo lugar una reforma social.

El gobierno japonés hizo una práctica incorporar las creencias históricas y religiosas del pueblo de Taiwán en su cultura. Sin embargo, los japoneses gradualmente intentaron fijar la estructura social tradicional japonesa en las mentes de las personas. Esto provocó el "Dōka", que significa "integración", que duró entre 1915 y 1937. En este marco, se fomentó un sentido de igualdad.

El empuje y la atracción de diversas presiones sociales dieron lugar a varias filosofías políticas idealistas: 1) el paradigma colonial, bajo el cual las autoridades coloniales fueron vistas como protectores que también dispensan justicia; 2) los nacionalistas taiwaneses que vieron a Taiwán como una cultura separada y distinta con su propio conjunto de leyes y expectativas; 3) los nacionalistas chinos de Taiwán que se veían a sí mismos como parte de China; y 4) el grupo que quería ser percibido como japonés.

Gotō Shinpei luego reorganizó la economía de Taiwán al nacionalizar la agricultura, las finanzas y la educación. También agregó un programa de control de inundaciones. Para acelerar el crecimiento que no dependería de los subsidios de Japón, alentó el envío de mercancías. También introdujo un sistema ferroviario, hospitales, carreteras e infraestructura, que aceleraron el país hacia la era moderna. No obstante, los esfuerzos de nacionalismo de Gotō tuvieron problemas debido a los levantamientos populares que comenzaron con la nacionalización del sistema ferroviario.

El levantamiento de Wuchang

Esta rebelión ocurrió cuando Japón estaba nacionalizando el sistema ferroviario. Originalmente, los ferrocarriles fueron financiados por inversores privados, incluidos inversores extranjeros, y algunos segmentos del ferrocarril fueron financiados y administrados localmente. Sin embargo, el sistema financiero que alimentó esta empresa de construcción ferroviaria se declaró en quiebra en 1911.

A pesar de que la bancarrota no afectó a todas las áreas del sistema ferroviario, el gobierno japonés intervino y nacionalizó el sistema de todos modos bajo el llamado Movimiento de Protección Ferroviaria. Los financieros estaban furiosos, dando lugar a esta revuelta en la provincia de Hubei en China. Los revolucionarios se hicieron cargo de la residencia del virrey y asumieron el control de la ciudad de Huguang y, finalmente, de toda la zona. Esto ayudó a conducir al declive gradual de la dinastía Qing y la Revolución Xinhai que siguió.

Revolución Xinhai

La historia de China y Taiwán se superpuso a lo largo del siglo XX, aunque hubo diferencias claras. También conocida como la Revolución China, esta rebelión sacudió el área desde 1911 hasta 1912, y consistió en una serie de levantamientos más pequeños en varias partes de Taiwán y China continental. El resultado fue el derrocamiento de la última dinastía imperial china, los Qing. El gobierno que se hizo cargo se llamó a sí mismo la República de China bajo Sun Yat-sen.

El incidente de Tapani

Sin embargo, hubo una fricción perenne entre la población aborigen, la población inmigrante bien establecida y los señores japoneses. En 1915, durante la Primera Guerra Mundial, los aborígenes se rebelaron. Eran miembros de la tribu aborigen que se había establecido originalmente en las colinas y áreas de la cuenca de Taiwán. Esta rebelión, llamada el Incidente de Tapani, fue uno de los levantamientos organizados por la gente de la isla que había llegado a resentir la soberanía de los no nativos de otros países. En particular, se opusieron a la nacionalización de las industrias azucarera y forestal.

Estas personas cruzaron su estructura social con creencias religiosas. Creían que amanecía una nueva era en Taiwán. Dijeron que era necesario, ya que había tantos delincuentes que se aprovechaban de los miembros más débiles de la sociedad y el pueblo taivoo y los taiwaneses Han, creían que eso incluía líderes corruptos y codiciosos. Sintieron que un evento apocalíptico estaba en el horizonte que traería una nueva era utópica. Quienes participaron en este incidente sintieron que se necesitaba violencia para desencadenar esta nueva era de paz y armonía. Era como una religión, o tal vez se describiría mejor como un culto, pero su importancia evidenciaba lo que podría describirse mejor como un "choque de civilizaciones", y la ocurrencia de Taivoan fue, en cierto sentido, un presagio de la transformación de Taiwán.

El partido Comunista

En 1921, había tres gobiernos separados en China, junto con dos entidades de separación menores. La única forma en que Yat-sen podría establecer una política de "una China", que luego incluiría a Taiwán, sería delinear un entendimiento entre su Partido Kuomintang con el siempre creciente Partido Comunista de China, que había consumido a las facciones más pequeñas. En 1923, firmó el Manifiesto Sun-Joffe, que creó una relación de cooperación entre las diversas facciones. Lenin, el jefe de Rusia y la sede del Partido Comunista, lo elogió por este movimiento.

Incidente Musha

En 1930, el gobierno japonés en Taiwán confiscó tierras de cultivo y arrozales de la población indígena aborigen en Taiwán. Los hombres fueron capturados gradualmente como esclavos, junto con sus tierras. Se abusó de las mujeres y maltrataron a los niños. Aprovechando un evento público, la Asociación de Pueblos Aborígenes se rebeló y mató a unos 130 soldados japoneses, pero solo dos Han taiwaneses fueron asesinados porque estaban vestidos con ropa japonesa.

Japón trató a los pueblos indígenas de manera diferente a la forma en la que trató a los colonos posteriores en Taiwán. Los consideraron bárbaros y tomaron tierras de los agricultores indígenas a lo largo del tiempo. Por ley, esta tierra estaba reservada para los aborígenes, pero los japoneses tenían poco respeto por las asignaciones de propiedades. "Creo que los japoneses incurrieron en la ira de nuestros antepasados porque descuidaron el hecho de que nosotros, los aborígenes, tenemos derechos sobre la tierra heredada de nuestros antepasados", dijo Siyac, el líder de los miembros aborígenes.

Poco a poco, las ventas ilegales de tierras a los chinos Han hicieron extremadamente difícil para los agricultores indígenas mantenerse a sí mismos y a sus familias porque no había suficiente tierra para sus granjas.

El incidente de Mukden / incidente de Manchuria

A pesar de que esto no tuvo lugar en Taiwán propiamente dicho, esta adquisición, que involucró principalmente a la ciudad Mukden la capital de Manchuria, afectó a Taiwán. En 1931, Japón estaba principalmente preocupado por expandir su territorio ocupado con fines de riqueza y crear espacio para su creciente población. Japón organizó un débil bombardeo del ferrocarril de propiedad japonesa, que quería implicar a China para el "ataque". De esa manera, podrían usarlo como una excusa para ir a la guerra con China. Como consecuencia de este compromiso, Japón se hizo cargo de toda Manchuria. Luego establecieron un gobierno títere.

La exposición de Taiwán

En 1935, la transformación de Taiwán se exhibió en la Nueva Ciudad de Taipei, que antes se conocía como Keelung y marcó todos los logros y avances realizados por Taiwán en el mundo. Incluso la República de China admiraba todos los logros asombrosos de los taiwaneses.

Los miembros del gobierno taiwanés comenzaron a usar vestimenta civil en lugar de uniformes militares, y finalmente, en 1935, los nacionalistas taiwaneses obtuvieron la mayoría en las elecciones. Taiwán también obtuvo representación en Japón propiamente dicha en su estructura administrativa llamada Dieta Imperial. Sin embargo, la Dieta Imperial terminó en 1947, poco después de la Segunda Guerra Mundial.

Capítulo 6: La Guerra Sino-japonesa y la Segunda Guerra Mundial

La Masacre de Shanghái y La Guerra Civil China

El Manifiesto Sun-Joffe, acordado en 1923, apenas fue suficiente para unir a China y Taiwán. Después de la muerte de Sun Yat-sen, Chiang Kai-shek, un líder militar muy poderoso del Kuomintang (KMT), subió al poder. Lo hizo a través de levantamientos armados, la mayoría de los cuales fueron contra los señores de la guerra locales. El grupo de Chiang Kai-shek se llamaba Ejército Revolucionario Nacional (ENR).

Para 1927, Chiang Kai-shek controlaba las provincias de Wuhan, Nanchang y Guangdong. Durante ese año, los comunistas conspiraron para asesinar a Chiang Kai-shek, pero él descubrió el complot y resolvió librar al país del Partido Comunista. Hubo revueltas armadas y caos en el área de Shanghai, lideradas por líderes estudiantiles y laborales bajo el mando de Zhou Enlai y Chen Duxiu. Como retribución por el asesinato planeado y el surgimiento del Partido Comunista Chino, Chiang Kai-shek activó sus fuerzas

KMT, y destruyeron Shanghái en abril de 1927, decapitando y masacrando allí mismo a miembros del Partido Comunista. Algunos de los comunistas fueron ejecutados oficialmente, y otros desaparecieron. Se estima que murieron entre 5.000 y 10.000 personas. Mao Zedong, quien más tarde se convirtió en presidente Mao, y sus fuerzas fueron derrotadas por Chiang Kai-shek. Luego, Mao se retiró al campo y en 1928, Chiang Kai-shek fue considerado el líder de la República de China.

El incidente del puente Marco Polo y la segunda guerra sino-japonesa

El Puente Marco Polo, o el Logou, es un gran puente de piedra ubicado cerca de Pekín, China, el cual fue construido en 1189 y restaurado en 1698. El 7 de julio de 1937, las tropas japonesas abrieron fuego contra las tropas chinas al suroeste de Beijing. La escaramuza continuó en ataques y arranques. Estos incidentes desencadenaron una declaración de guerra entre Japón y China, también conocida como la Segunda Guerra Sino-japonesa, que luego colidió con la Segunda Guerra Mundial en 1939 (la Primera Guerra Sino-japonesa se libró entre 1894 y 1895 por el control de Corea).

Después de las negociaciones, se firmó una tregua incómoda. Sin embargo, los términos no se observaron de manera consistente y estallaron batallas posteriores. Este conflicto más violento se llamó la Batalla de Beiping-Tianjin, también conocida como la Batalla de Beijing, y comenzó en julio y terminó en agosto de 1937. La batalla se extendió de un área a otra. Los chinos tenían armamento tradicional, pero los japoneses trajeron apoyo aéreo y naval, por lo que se convirtió en una masacre sangrienta, la cual culminó con el triunfo de Japón. Sin embargo, la campaña antijaponesa continuó. Para 1939, las fuerzas japonesas estaban dispersas por toda China continental y se estaban debilitando lo que ocasionó que la guerra llegara a un punto muerto.

Los japoneses habían conquistado lentamente las islas del Pacífico Sur junto con secciones de China continental, comenzando con la conquista de Taiwán en 1895. Habían imaginado un imperio japonés expandido, por lo que continuaron sus ataques en Asia y las islas del Pacífico. En 1941, los japoneses, que ya se habían unido a la refriega en la Segunda Guerra Mundial del lado de Alemania e Italia, atacaron la base de Pearl Harbor, ubicada en Hawái. Estados Unidos luego entró formalmente en la guerra. Para 1942, cuatro condados principales se habían aliado entre sí: Estados Unidos, la Unión Soviética, Gran Bretaña y China, así como otros países más pequeños que se unieron. Estados Unidos envió ayuda a China, reforzándolos así contra los invasores japoneses. Japón luego recurrió a Taiwán por su mano de obra para continuar luchando. Así, la Segunda Guerra Sino-japonesa se fusionó con la Segunda Guerra Mundial.

La Segunda Guerra Mundial y Taiwán

Japón invirtió mucho trabajo en las industrias taiwanesas para fabricar materiales para la guerra. Japón reclutó a los taiwaneses en sus fuerzas militares y luego los incorporó a sus filas. Había una unidad conocida compuesta enteramente por tribus aborígenes llamadas los Voluntarios de Takasago que lucharon en la Segunda Guerra Mundial. Los aborígenes estaban mucho más acostumbrados al clima subtropical del sudeste asiático y eran un gran activo para el esfuerzo de guerra japonés. Los Voluntarios de Takasago lucharon en Filipinas, las Indias Orientales Holandesas, las Islas Salomón y Nueva Guinea junto con otros soldados taiwaneses y japoneses. Algunos de ellos incluso eran parte de la Fuerza de Ataque Especial de Kaoru, una fuerza específicamente designada para salir en misiones suicidas.

La Armada japonesa operaba fuera de Japón, y la unidad más grande, llamada Fuerza de Ataque del Sur, estaba basada en la actual Universidad de Taiwán.

La Batalla de Midway

A principios de junio de 1942, los estadounidenses tomaron represalias contra la Armada japonesa por su ataque a Pearl Harbor al romper el código críptico que usaban los japoneses. Por lo tanto, pudieron defenderse de los ataques aéreos de la Fuerza de Ataque del Sur sobre sus portaviones. Esto sucedió en el Pacífico norte central bajo el liderazgo del general estadounidense Chester Nimitz. Hubo muchas bajas japonesas y cuatro portaaviones fueron torpedeados, lo que debilitó severamente a la Armada japonesa.

La Declaración de "El Cairo"

En 1943, tres líderes aliados, el presidente de los Estados Unidos Franklin Delano Roosevelt, el primer ministro británico Winston Churchill y el generalísimo Chiang Kai-shek de la República de China, se reunieron en El Cairo para anunciar sus objetivos en la Segunda Guerra Mundial. Algunos de los objetivos que presentaron incluyeron la retirada japonesa de Manchuria, las islas Penghu y del propio Taiwán. Los aliados querían devolver estos territorios a la República de China. Además, los Aliados querían que Corea se convirtiera en un país independiente ya que Corea había sido anexionada en la Primera Guerra Sino-China. La declaración establecía: "Con estos objetos a la vista, los tres aliados, en armonía con las Naciones Unidas en guerra con Japón, continuarán perseverando en las operaciones serias y prolongadas necesarias para procurar la rendición incondicional de Japón".

La Batalla Aérea de Formosa

En 1944, la Fuerza de Tarea de Portaviones Rápido de los Estados Unidos y las fuerzas navales y terrestres de Japón lucharon entre sí en las cercanías de la base de la Armada japonesa en el sur de Taiwán. Los aviones de combate estadounenses bombardearon durante el día mientras que los japoneses bombardearon por la noche. La Fuerza de Ataque del Sur en la base naval japonesa se enfrentó a los aviones de combate estadounidenses sobre Taiwán.

Esta batalla, que se libró entre el 12 y el 16 de octubre, utilizó la Tercera Flota de la Armada de los Estados Unidos bajo el Almirante William Halsey Jr. y cuatro flotas de la Armada Imperial Japonesa bajo los Vicealmirantes Ryūnosuke Kusaka y Shigeru Fukudome.

Los japoneses utilizaron Filipinas y la ciudad de Takao en Taiwán, como sus bases. Estados Unidos utilizó portaviones junto con los destructores que lo acompañaban. Esta batalla se libró principalmente en el aire y en el mar, e incluyó bombardeos en la isla de Okinawa, al suroeste de Taiwán, así como una operación importante en las islas Ryukyu cerca de Japón.

El primer día, las cuatro divisiones de la fuerza de tarea de los EE. UU. atacaron al amanecer el fuego antiaéreo sobre numerosas corridas de aviones de combate. Los portaviones estadounidenses derribaron unos 100 aviones de combate japoneses. Los pilotos japoneses no estaban completamente entrenados, y eso los puso en una desventaja extrema. La batalla continuó durante todo el día y en la noche un escuadrón de caza japonés experimentado organizó un grupo aéreo nocturno asistido por radar utilizando torpedos aéreos y derribó tres aviones de combate estadounidenses; ocho aviones japoneses más también fueron destruidos. El día siguiente estaba nublado, pero hubo ataques aéreos nocturnos.

El 14 de octubre, hubo fuertes compromisos durante el día. Veinticinco aviones japoneses volaron a baja altura y salieron de la capa de nubes sin mucha advertencia. Muy pocos aviones japoneses sobrevivieron a esta primera ola de ataques. Al final de la tarde, los bombarderos japoneses volvieron a golpear fuertemente al grupo de trabajo estadounidense. Dos torpedos de un avión japonés se dirigieron al USS Houston. Uno de los dos dio en el blanco y la sala de máquinas se inundó. Había tanto daño que algunos de los hombres se lanzaron al agua que había sido agitada por las vibraciones de las explosiones de bombas y los proyectiles. El acorazado, el USS Boston, recogió a los marineros de Houston y lo remolcó a Ulithi. Otros grupos de transportistas estadounidenses sufrieron daños mínimos. No muchos de los otros aviones de combate y bombarderos japoneses pudieron evadir el avión de combate estadounidense.

Los japoneses decidieron cambiar su estrategia y comenzaron a luchar desde el amanecer hasta el anochecer contra la Fuerza de

Tarea 38 estadounidense. El 15 de octubre, casi dos docenas de aviones de combate japoneses fueron derribados. El mayor ataque de un avión de combate japonés consistió en 75 aviones, pero las baterías de los cañones estadounidenses seguían disparando sin cesar.

Al final de la batalla, el vicealmirante Fukudome comentó con tristeza: "Nuestros luchadores no eran más que tantos huevos arrojados al muro de piedra de la formación enemiga indomable". A pesar de su comentario, los japoneses promulgaron el mensaje de que habían salido victoriosos.

Más campañas militares en el teatro del Pacífico

Entre 1944 y 1945, las batallas en el Pacífico sur continuaron con campañas entre Estados Unidos y sus aliados contra Japón. En el Pacífico, se libraron batallas en Japón, las Indias Orientales Holandesas, las Islas Salomón, Nueva Guinea, Filipinas, Timor y Borneo. Sesenta y siete ciudades japonesas fueron destruidas, principalmente por bombarderos B-24 Liberator. Los B-24 estaban cargados de enormes bombas que los soldados lanzaron a través de toboganes. Los hombres agarraban las manijas del costado del avión de metal mientras empujaban las enormes bombas. Dependiendo de la temporada, hacía mucho frío en el interior de los aviones debido a la gran altitud. Había un soldado que manejaba la torreta superior con su enorme arma, pero era prácticamente un blanco para los aviones japoneses que defendían el espacio aéreo. En el terreno, los veteranos de guerra estadounidenses, que formaron la Fuerza de Ocupación japonesa, indicaron que prácticamente quedaba poco en pie en esas ciudades y que los refugiados estaban en todas partes. Simplemente no podían entender por qué Japón no se rendía.

Declaración de Potsdam

A finales de julio de 1945, representantes de los Estados Unidos, la República de China y Gran Bretaña propusieron un acuerdo que pondría fin a la Segunda Guerra Mundial. Ambas partes perdieron alrededor de 36 millones de hombres en el área del Pacífico y estaban ansiosos por poner fin a esta guerra, que se había librado en dos frentes, Europa y el Pacífico Sur. La lucha en Europa se había detenido en mayo de 1945, por lo que la única área que quedaba por dominar era el Pacífico Sur. La propuesta de tratado delineó la isla de Japón y algunas de sus islas cercanas como propiedad soberana de Japón, y también declaró que Japón debía retirar sus fuerzas militares de los otros países que había estado ocupando. Los aliados acordarían la retirada mutua de tropas y equipos extranjeros. El final de esta declaración conllevaba la amenaza de "destrucción rápida y absoluta" para Japón si este no firmaba la declaración. Este anuncio se llamó la Declaración de Potsdam, y el emperador Hirohito de Japón pospuso su firma hasta que la Unión Soviética acordó intervenir como mediador. Según uno de los funcionarios japoneses, los japoneses respondieron a la propuesta guardando silencio, lo que los estadounidenses consideraron como una negativa en lugar de aceptarla. Por lo tanto, cumplieron con su amenaza de "destrucción total".

La bomba atómica de Hiroshima y Nagasaki

En 1938, se descubrió la fisión nuclear, y a través de los esfuerzos realizados durante el Proyecto Manhattan, se creó una bomba nuclear que era capaz de devastar millas de tierra alrededor del sitio de caída. Como resultado del Acuerdo de Quebec, firmado por el Reino Unido y los Estados Unidos, los científicos de los dos países trabajaron juntos para construir la bomba nuclear, la cual fue creada a mediados de julio de 1945. El 6 de agosto y el 9 de agosto, se lanzaron bombas sobre las ciudades de Hiroshima y Nagasaki, respectivamente. La mayoría de los asesinados eran civiles, y se estima que el número total de muertes es alrededor de 129.000 a 226.000 personas. Durante meses e incluso años después, los efectos de la radiación nuclear continuaron matando personas. Los japoneses se rindieron el 15 de agosto de 1945.

Tratado de San Francisco

El instrumento de rendición japonés puso fin oficialmente a las hostilidades de la Segunda Guerra Mundial, y fue firmado el 2 de septiembre de 1945 por el Imperio de Japón, los Estados Unidos, la República de China, el Reino Unido, la Unión Soviética, Australia, Canadá, Francia, los Países Bajos y Nueva Zelanda. Los aliados aún ocupaban Japón, constituyendo el único momento en la historia de Japón donde ha sido ocupado por una potencia extranjera. Sin embargo, el emperador Hirohito aún conservaba su posición.

En septiembre de 1951, Japón y 49 naciones aliadas firmaron el Tratado de San Francisco. En virtud de este acuerdo, Japón recibió soberanía sobre su propio país y puso fin a la ocupación aliada de Japón. Japón debía asignar algo de dinero a los prisioneros aliados que habían sufrido crímenes de guerra. El tratado también pedía la liberación de prisioneros de guerra en ambos lados. Se requirió que Japón renunciara a sus activos en Taiwán, Corea, el norte de China, incluyendo Manchuria y otras partes del noreste de China, y partes del centro de China, incluido Shanghái. Además, Japón debía compensar a otros países del Pacífico Sur a los que les hizo daño. Estados Unidos creó un fideicomiso para el uso de las Islas Ryuku, que incluye la isla de Okinawa.

Taiwán debía renunciar a su soberanía según este tratado, dejando ambiguo su estatus como país.

Capítulo 7: Taiwán después de la Segunda Guerra Mundial

John Foster Dulles, secretario de estado de los Estados Unidos en el gobierno del presidente Eisenhower desde 1953 hasta 1959, estaba a favor de la soberanía total para Taiwán, pero no se especificaron las concesiones para eso en el tratado. En cambio, no cedió la soberanía de Taiwán a nadie. En abril de 1952, después del Tratado de San Francisco, se desarrolló otro tratado llamado Tratado de Taipei. Dado que la República de China no firmó el Tratado de San Francisco, los Estados Unidos alentaron a Japón a hacer su propio tratado con ellos. Mediante este Tratado que entró en vigencia en agosto de 1952, Japón cesó en sus pretensiones sobre Taiwán.

A pesar de que Taiwán no se entregó específicamente a ningún país, la República de China ya había formado la Oficina Administrativa Provincial de Taiwán en septiembre de 1945 para comenzar el proceso de adquisición de la nación en nombre de los Aliados. Chen Yi se estableció como Director Ejecutivo de la Provincia de Taiwán a finales de agosto, y su gobierno fue bastante controvertido. Tenía el aire de un aristócrata e incluso se negó a hablar japonés, a pesar de que los taiwaneses dominaban el idioma, habiéndolo aprendido de sus amos japoneses. Se dice que él mismo no era corrupto, pero Chen fue laxo en cuanto a la elección de las personas que sirvieron en el gobierno bajo su mando. Por lo tanto, la corrupción creció hasta que se hizo galopante.

Debido a la corrupción generalizada, la economía de Taiwán cayó en picada. Muchos estaban desempleados. Y para empeorar las cosas, los ciudadanos chinos ingresaron al país y les quitaron empleos a los taiwaneses. Los estafadores deambulaban por las calles y trataban de engañar a los lugareños con planes fantásticos, explotando así su necesidad de apoyo.

El incidente del 28 de febrero

En 1946, Chen Yi reforzó su control sobre el gobierno y aplicó la fórmula de nacionalización y control del gobierno sobre ciertas industrias como la minería y el transporte. Quería disminuir el control del gobierno central, pero es difícil determinar si eso se debió a su rivalidad con los líderes nacionalistas chinos o por una preocupación por Taiwán.

La industria del tabaco era una de las muchas industrias controladas por el gobierno. El 27 de febrero de 1947, una mujer llamada Lin vendía cigarrillos de contrabando, pero fue interceptada por algunos agentes de la Oficina del Monopolio de Taiwán. Ella exigió la devolución de sus cigarrillos; en cambio, uno de los agentes le golpeó la cabeza con la culata de una pistola y la golpeó hasta que murió. Eso enfureció a una multitud de espectadores, y un agente disparó contra ellos, matando a uno.

Al día siguiente, el 28 de febrero, los taiwaneses participaron en una protesta pacífica, exigiendo justicia. Se quejaron en la Oficina de Monopolio, pero sus llamamientos fueron ignorados. Luego se trasladaron a la oficina del gobernador general, donde cuatro de los manifestantes fueron asesinados a tiros sin previo aviso. La multitud se volvió rebelde y los taiwaneses furiosos se hicieron cargo de la administración de la ciudad, transmitiendo demandas de mayor autonomía en la estación de radio local.

Los líderes cívicos se organizaron en el "Comité para resolver el incidente del 28 de febrero" y presentaron sus demandas al gobierno. Fuera de Taipéi, la rebelión se extendió. Algunos taiwaneses incluso viajaron a China, saqueando y robando a su paso. Otros chinos fueron a Taiwán, participando en las protestas con el mismo comportamiento. La Brigada 27, bajo el liderazgo de Xie Xuehong, robó armas y granadas. Mientras Chen Yi proclamó su amor por Taiwán en la radio y propuso reunirse con el Comité, por lo que llamó en secreto a las tropas militares de China para sofocar las rebeliones. Había cuerpos sin cabeza y mutilados esparcidos por todas las calles. Nadie sabe el número exacto de personas que murieron, pero hay un amplio rango de estimaciones, por lo que es muy probable que sea entre 5.000 y 28.000. El Ejército Nacionalista continuó luchando y realizó ejecuciones al por mayor que resultaron en unas 3.000 muertes más.

Chen declaró que no pidió apoyo militar, y se lo dijo al embajador estadounidense, John Leighton Stuart. Sin embargo, Stuart descubrió que Chen realmente los había llamado e informó a Chiang Kai-shek, que estaba en la sede de KMT durante este tiempo. Debido a esto, Chen fue despedido y reemplazado por Wei Tao-ming. Tras su despido, Chen asumió varios cargos políticos. A principios de 1949, Chen pensó que el KMT no recuperaría su punto de apoyo e intentó desertar al Partido Comunista Chino, intentando inducir a uno de los comandantes de una guarnición a unirse a él. Este comandante se lo dijo a Chang Kai-shek, que estaba furioso y despojó a Chen de su posición. Fue escoltado a Taiwán en abril de 1950, donde fue encarcelado y luego ejecutado en junio de ese año.

Sin embargo, Chen tenía razón; las fuerzas comunistas serían demasiado grandes para ir en su contra. En 1949, el Ejército Popular de Liberación, bajo Mao Zedong, infligió grandes pérdidas contra las fuerzas del KMT. El 1 de octubre de 1949, se estableció la República Popular de China. A principios de diciembre, Chiang Kai-shek huyó a Taiwán para escapar de lo que el Partido Comunista había planeado para él, dejando el control de China en manos de Mao (aunque Chiang trataría de recuperarlo más tarde).

El Terror Blanco

La ley marcial se declaró en Taiwán en mayo de 1949, y continuó en vigencia hasta que el gobierno se trasladó allí; de hecho, la ley marcial no fue derogada hasta 1987. Durante el Terror Blanco, Chiang Kai-shek inició una brutal represión contra los intelectuales y la élite basada en la creencia de que se opondrían al gobierno del KMT o que eran simpatizantes comunistas. Los grupos políticos que apoyan la independencia de Taiwán, a saber, la Liga Formosana para la Re emancipación y los Formosanos Unidos por la Independencia, fueron perseguidos o encarcelados por presuntamente tener vínculos con el Partido Comunista. Se prohibió hablar sobre la masacre del 28/2, junto con cualquier forma de crítica contra el KMT de Chiang Kai-shek. Chiang también prohibió viajar a China por completo.

Durante ese período, el famoso Bo Yang, crítico social y escritor político, fue encarcelado. Recomendó valientemente la reforma del KMT y promovió los derechos humanos. La paranoia contra el comunismo chino fue aguda en el gobierno de Chiang Kai-shek.

La batalla de Kinmen

También conocida como la Batalla de Guningtou o la Batalla de Kuningtou, fue librada a finales de octubre de 1949 por Chiang Kai-shek y Mao Zedong. En ese momento, había dos gobiernos: la República de China bajo Chiang Kai-shek y la República Popular de China bajo Mao Zedong. Chiang ya había estado retirando sus fuerzas de China continental a Taiwán desde el establecimiento de este último partido.

Sin embargo, las guarniciones de la República de China seguían en las islas de Kinmen y Matsu, y la República Popular creía que tenían que ser tratadas. En estas dos islas en el estrecho de Taiwán, los dos ejércitos libraron una batalla corta pero sangrienta. El formidable acorazado de la República de China, Chung Lung, fue anclado en

Kinmen y arremetió contra los inadecuados juncos y barcos de pesca de la República Popular. Una vez que se quedaron sin municiones y suministros, la armada de Mao huyó a China continental.

Los miembros del gobierno del Kuomintang y Chiang Kai-shek huyeron a Taiwán en diciembre de 1949 junto con muchos civiles. Alrededor de dos millones de personas habían descendido a Taiwán durante todo el año para restablecerse, con la esperanza de poder regresar en el futuro para controlar China continental.

En 1950, Chiang Kai-shek retomó su cargo como presidente de la República de China, con el gobierno ahora con sede en Taiwán, y elaboró planes para retomar el continente. Llamó a ese esfuerzo "Proyecto Gloria Nacional", pero no tuvo éxito.

La lucha de los movimientos democráticos

Con el tiempo, los taiwaneses y los miembros del KMT comenzaron a cooperar y reanudaron el trabajo para la recuperación económica del país. Esto se debió en gran parte al hijo de Chiang Kai-shek, Chiang Ching-kuo, quien asumió el poder en 1978 después de la muerte de su padre en 1975 (Yen Chia-kan, como vicepresidente, desempeñó el cargo de presidente hasta las próximas elecciones). Chiang Ching-kuo era un gobernante más sabio y gentil que su padre. La primera tanda de transistores y textiles se fabricó y vendió constantemente en el extranjero, y de esta forma evolucionó una clase media.

También hubo otros partidos políticos que crecieron sin interferencia gubernamental, como el Partido Socialista Democrático de China, el Partido de la Juventud China y el Movimiento Tangwai (más tarde llamado Partido Democrático Progresista). El Movimiento Tangwai proviene del término "Tangwai", que significa "fuera del partido". Fomentó la actitud de que el gobierno de Taiwán debería ver a Taiwán como un estado soberano que practica los derechos civiles y la democracia para todos sus ciudadanos, independientemente de su origen étnico. Se opuso a la "japonización" de Taiwán que ocurrió cuando fueron ocupados por ese país.

Aunque los partidos políticos eran oficialmente ilegales, Chiang Ching-kuo generalmente practicaba la tolerancia hacia ellos, con algunas excepciones, como el Incidente de Kaohsiung (ver más abajo).

La Ley de Relaciones de Taiwán

Esta ley, firmada por el presidente de los Estados Unidos Jimmy Carter, fue aprobada por el Congreso de los Estados Unidos en 1979, y su propósito era mantener la paz y la estabilidad en el Pacífico occidental y "relaciones extensas, cercanas y amistosas" entre el pueblo estadounidense y el pueblo de Taiwán. Debido a que Estados Unidos también había reconocido a la República Popular de China en el continente, no hubo un reconocimiento oficial de la República de China en Taiwán. Sin embargo, para cerrar esa brecha, los Estados Unidos establecieron una organización sin fines de lucro bajo la rama ejecutiva llamada "Instituto Americano de Taiwán". Ese grupo sería el canal no oficial de Estados Unidos para asuntos relacionados con Taiwán, así como el establecimiento de privilegios comerciales y el mantenimiento de paz en la zona.

Entre los principios enumerados en el proyecto de ley hay una gran sección relacionada con la seguridad de Taiwán, que indica que Estados Unidos "proporcionará a Taiwán artículos y servicios de defensa para su defensa contra un ataque armado". Estados Unidos también considerará cualquier intento de socavar la economía o la paz de Taiwán como una grave amenaza para la seguridad del Pacífico occidental. Además, declara que no reconocerá el dominio de la República Popular de China sobre Taiwán. Esta Ley ha sido ratificada por todos los presidentes estadounidenses desde que fue firmada por el presidente Jimmy Carter, y el Departamento de Estado de EE. UU. la cita según sea necesario, cuando se aplica a varios acuerdos que han sido firmados bajo sus auspicios.

El incidente de Kaohsiung y sus secuelas

El 10 de diciembre de 1979, *La revista Formosa* y otros políticos, celebraron manifestaciones en favor de la democracia y en conmemoración del Día de los Derechos Humanos. Producto de esta conmemoración, el gobierno envió a la policía a sofocar dicha manifestación. Sin embargo, la policía no reaccionó de inmediato, pero luego se enfrentó con la multitud. Los miembros de la familia de Lin Yi-hsiung, líder del movimiento democrático, fueron asesinados o heridos por las fuerzas del KMT, incluidas su madre y sus hijas gemelas de siete años que fueron apuñaladas. Muchos líderes conocidos fueron arrestados, golpeados y encarcelados.

A pesar de esta represión, la oposición al KMT creció, y el Movimiento Tangwai abogó por muchas reformas al KMT tradicional. En 1987, a la gente común se le otorgaron escaños iguales en la legislatura, y todos eran elegibles para solicitar puestos gubernamentales, independientemente de su partido político. Durante ese mismo año, se levantó la ley marcial.

La liberalización política floreció y los grupos de derechos civiles aumentaron, como la Asociación de Rescate de Mujeres de Taiwán, la Asociación de Derechos Humanos de Maestros, la Unión de Protección Ambiental de Taiwán, los grupos de trabajadores y agricultores, y muchos otros. De estos movimientos surgió un nuevo partido: el Partido Democrático Progresista. Los miembros de este partido estaban originalmente afiliados al Movimiento Tangwai.

El gobierno intentó sofocar estas protestas de base, debido a los esfuerzos del primer ministro de la República de China, Hau Pei-tsun, pero durante 1990 a 1992, sus esfuerzos fueron generalmente ineficaces, y, en consecuencia, renunció en enero de 1993. A finales de la década de 1990, muchos de estos movimientos sociales se aseguraron algunos poderes de toma de decisiones dentro del gobierno, como el Comité de Educación de Equidad de Género y varios sindicatos que se liberaron del control corporativo.

Capítulo 8: La Democracia Naciente

Lee Teng-hui sucedió a Chiang Ching-kuo como presidente. Continuó con el proyecto de democratización hasta cierto punto. Hizo hincapié en la identidad cultural taiwanesa como separada de China y promovió los esfuerzos para crear relaciones exteriores exclusivamente basadas en Taiwán. Lee había sido originalmente miembro del KMT, pero fue expulsado por su postura independentista. Luego formó la Unión de Solidaridad de Taiwán (TSU). Además, Lee estaba totalmente a favor de la democracia plena para Taiwán y apoyaba las elecciones libres en lugar de la herencia como el proceso para seleccionar a los líderes del país.

Sin embargo, su administración y la legislatura fueron extremadamente lentos al iniciar reformas, por lo que parece que Lee no era congruente entre lo que decía y hacía para lograr una mayor liberalización.

Taiwanización

La taiwanización fue un movimiento nacional para aislar y diferenciar la identidad de Taiwán de la identidad de China continental. Fue un movimiento para glorificar la cultura, la historia y la economía taiwanesas. Taiwán, desde el principio, fue diferente. Las tribus aborígenes allí no eran chinas, y las migraciones de varios sectores de China y Manchuria y grupos étnicos llegaron más tarde a la historia de Taiwán.

La literatura y la poesía florecieron durante este movimiento y, por lo general, tendían a reflejar los crecientes dolores sufridos para lograr una identidad taiwanesa. En el poema de Lee Min-yung, "Si quisieras preguntar", dijo: "Si preguntas cuál es el pasado de la isla de Taiwán, te diré Sangre y lágrimas caen sobre la historia de la isla de Taiwán. Si usted pregunta, ¿cuál es el futuro de la isla de Taiwán? le diré: camine, la vía está abierta para usted".

Incidente de la plaza Tiananmen y el movimiento del Lirio Blanco

En 1989, hubo protestas a favor de la democracia organizadas por estudiantes de la Universidad de Taiwán que viajaron a Beijing. Al principio fueron pacíficas, pero más tarde, las multitudes crecieron a decenas de miles de miembros. Li Peng, el primer ministro de la República Popular de China, quería fortalecer la autoridad del Partido Comunista y se opuso a las reformas que podrían socavarla. Li consideró que las protestas dirigidas por estudiantes eran una amenaza para el gobierno central y su control económico del país. Orkesh Dolet, también conocido como Wu'erkaixi, el líder de la protesta, apareció en la televisión nacional afirmando que Li Peng estaba ignorando las necesidades de la gente. Li Peng se enfureció y declaró la ley marcial y luego envió tanques y tropas.

Li Peng estaba avergonzado por las manifestaciones y sus tropas tomaron medidas enérgicas contra los manifestantes. Las tropas dispararon indiscriminadamente contra las multitudes, y se produjo una masacre en la Plaza Tiananmen. Cientos, quizás miles, de personas fueron asesinadas, y muchas fueron encarceladas.

El 5 de junio de 1990, un joven valiente se paró frente a un enorme tanque que se movía hacia la plaza. El tanque se detuvo, y el hombre se subió al tanque y habló con su conductor, después de lo cual trató de desviarse de la columna. Finalmente fue retirado por la policía, y su destino es desconocido. La prensa británica más tarde lo identificó como Wang Weilin, un estudiante de 19 años, pero el periódico señaló que en realidad no estaban seguros de su identidad. Hoy en día sigue siendo un héroe de la democracia en China.

El evento se conmemora anualmente en Taiwán, y Tsai Ing-wen, el actual presidente de Taiwán, dijo en 1989: "Las personas amantes de la libertad en Hong Kong y China pueden estar seguras de que, a pesar de las amenazas y la subversión, Taiwán defenderá incondicionalmente la democracia y salvaguardará libertad".

Acuerdo Marco de Cooperación Económica (ECFA, siglas en inglés)

Este acuerdo, firmado en 2010 por Taiwán y China, fue un intento de normalizar las relaciones económicas entre la República de China y la República Popular de China y crear directrices para el comercio entre las dos entidades. Este acuerdo fue visto como un acuerdo impresionante porque las dos partes no se reconocieron como "países" después de que la Guerra Civil China terminara en 1949.

Cuando los negociadores discutieron los objetivos del ECFA, hubo protestas e incluso peleas a puñetazos en la sala de conferencias, ya que había algunas partes de la delegación de Taiwán que temían que China lo usaría como un medio para controlar a Taiwán.

La parte relativa a la cooperación económica del ECFA, incluye inversión, cooperación de inversión, procedimientos aduaneros y seguridad alimentaria, entre otras cosas. Las reducciones arancelarias se presentaron como un medio por el cual ambos países se desarrollarían. Hasta 235 productos quedaron exentos de aranceles, y otros obtuvieron reducciones arancelarias.

Algunos servicios, como contabilidad, mantenimiento de aviones, servicios relacionados con la informática y diversos servicios de mantenimiento y reparación, recibieron una serie de beneficios mutuos subsidiados por los gobiernos. También, se alentaron las asociaciones chino-taiwanesas.

Por otra parte, los bancos y las instituciones financieras se establecieron abiertamente en los dos países. Eso incluía filiales en cada país que facilitaban los negocios en el otro.

Las agencias y empresas tecnológicas y de I + D no solo están protegidas de interferencias, sino que se las promociona como un activo valioso para realizar negocios en todo el mundo. Los derechos de propiedad intelectual se detallan en este acuerdo, aunque hay más protección para los derechos intelectuales taiwaneses que los chinos. Se establecieron normas y reglamentos junto con un mecanismo para su aplicación. Hoy en día, se está discutiendo la posibilidad y la forma de hacer que el ECFA sea más abierto a algunos países extranjeros, incluido Estados Unidos.

El partido progresista democrático

Fundado en el año 1986, el Partido Democrático Progresista (DPP, por sus siglas en inglés) defendía la independencia de Taiwán, y también abogó por políticas de bienestar social, educación y la creación de un marco de políticas administrativas y regulaciones para aumentar la ventaja financiera de las personas. El DPP rechaza firmemente la política de "una China", la cual establece que solo hay un estado bajo el nombre de China.

En las elecciones presidenciales de 2000 en Taiwán, Chen Shui-bian miembro del DPP, se convirtió en presidente. Durante su administración, prometió lo que se denominó "Cuatro noes y uno sin una política", lo que significaba que, siempre que la República Popular China no fuera a la guerra con Taiwán: 1) Él no instituiría la independencia taiwanesa, 2) no cambiaría el nombre del país de República de China a República de Taiwán, 3) no incluiría la doctrina de los estados especiales para las relaciones estatales, y 4) no promovería esfuerzos hacia la reunificación o la independencia. Chen cumplió dos mandatos, pero los escándalos sacudieron su segundo mandato, lo que ayudó a que su partido perdiera en las próximas elecciones.

En las elecciones de 2008, Ma Ying-jeou fue elegido como el nuevo presidente. Era del KMT conservador, pero quería calentar las relaciones a través del estrecho por razones económicas. Aunque sí favorece la reunificación de China y Taiwán, tiene reservas al respecto debido al incidente de la Plaza Tiananmen. En cuanto a la independencia, afirmó que la decisión final debe ser tomada por el pueblo taiwanés. Ma fue reelegido para otro mandato

El consenso de 1992

En 1992, el jefe del consejo de seguridad de Ma Ying-jeou intentó definir la naturaleza de la relación y la cooperación entre China continental y Taiwán. En este consenso, la República de China emitió su propia opinión sobre la política de "una China". Acordaron que solo hay una China, pero cada parte tiene sus propios puntos de vista sobre cuál es la "única China". La República Popular de China, que tiene el control de China continental, argumenta que ellos son la "única China" y se niega a reconocer a la República de China en Taiwán. Sin embargo, ambas partes están de acuerdo en que Taiwán pertenece a China, aunque, como se puede ver, ninguna parte puede acordar cuál es en realidad la "única China".

Los miembros del DPP discreparon con la decisión del consenso. Como no hubo acuerdo sobre qué gobierno representa a "una China", entonces realmente no hubo consenso en absoluto. En la edición de noviembre de 2018 de *The Diplomat*, una revista taiwanesa, se afirma: "Desafortunadamente, no existe un consenso taiwanés sobre la definición del Consenso de 1992". Por lo tanto, los lectores de la historia y los eventos asiáticos actuales quedan en la niebla. Sin embargo, en su encuesta, *The Diplomat* indicó que el 75% de la gente de Taiwán quiere que Taiwán y China sean considerados como dos países diferentes.

En 2016, Taiwán eligió a su primera presidenta, Tsai Ing-wen. Ella es miembro del Partido Democrático Progresista y hoy en día todavía está gobernando. Tsai tiene antepasados que eran aborígenes de la tribu Paiwan.

Taiwán hoy

La presidenta Tsai ha rechazado el Consenso de 1992. Ella percibe a la República Popular de China como un país comunista interesado en "apretar" a Taiwán. La República Popular China ha cortado su relación desde que Tsai asumió el cargo en 2016, y ha prohibido a las personas chinas ir a Taiwán. Pekín también ha enviado buques de guerra al área general y ha llevado a cabo relaciones internacionales para promover que los otros países corten los lazos con Taiwán. En los últimos diez años, China ha amenazado reiteradamente con el "uso de la fuerza" si Taiwán declara su independencia. La Séptima Flota de los Estados Unidos también patrulla el área.

Mientras escribía estas líneas, Taiwán ha firmado un acuerdo con el presidente de los Estados Unidos, Donald Trump, para comprar armas de los Estados Unidos a través de las disposiciones de la Ley de Relaciones de Taiwán, que establece claramente que los Estados Unidos pueden venderlas a Taiwán con fines defensivos.

La República Popular de China vs. la República de China (Taiwán)

En el Informe del Departamento de Defensa de EE. UU. de junio de 2019, se observó que la República Popular de China ha estado colocando obstáculos frente a Taiwán en términos de participación en foros internacionales y consejos de organizaciones de salud. Jonathan Moore, del Departamento de Estado de EE. UU., ha dicho: "Excluir a 23 millones de taiwaneses de estos esfuerzos va en contra del espíritu de las organizaciones internacionales que apoyamos". Poco a poco, la República Popular China ha estado intentando calladamente, cerrar los canales de comunicación entre ellos y Taiwán. Estados Unidos se ha mantenido relativamente mudo sobre el tema debido al hecho de que Estados Unidos está tratando de crear algunos acuerdos comerciales enmendados, además de otros nuevos, con China.

Conclusión

Desde el año 3000 a. C., la isla de Taiwán ha sufrido enormes cambios. Su economía, sociedad y gobierno han cambiado más rápido de lo que incluso han podido gestionar. Por lo tanto, es un "país" que no es ni un "país" ni un "estado" por estricta definición internacional. Aunque los taiwaneses llaman a esta condición el "status quo", no es en absoluto un "status quo". Políticamente, Taiwán se extiende entre la democracia y la autocracia. Existe en la niebla de la ambigüedad.

El estado político de Taiwán hoy es tan ambiguo debido a todos los tirones y empujes de las diversas fuerzas externas e internas que manejan esta isla de casi 14.000 millas cuadradas. Taiwán se llama oficialmente la República de China, pero está habitada por muchos grupos étnicos variados. Aunque lleva el término "China", está separado de China continental. Es un país dividido entre las preferencias políticas que abogan por la unificación de China continental y Taiwán y por la independencia de Taiwán. El KMT sigue funcionando, y el Partido Democrático Progresista (DPP) es el segundo partido más grande. El DPP tiene como objetivo principal la independencia total de Taiwán, mientras que el KMT tiene como objetivo la reunificación de China y Taiwán. Sin embargo, debido a la intensa presión de la comunidad internacional, específicamente de los Estados Unidos, Japón y la UE, no se ha podido reconocer a Taiwán como un país o estado-nación independiente.

Sin embargo, mirando más allá del tema de su estado político, uno puede ver que los taiwaneses son personas trabajadoras, ambiciosas e inteligentes. Taiwán es un paraíso para artistas, poetas y politólogos. Fomenta el desarrollo en campos tecnológicamente avanzados y mantiene un espíritu feroz y leal. Es una isla que está inundada de una mezcla de muchos grupos étnicos asiáticos desde Manchuria hasta las islas del Pacífico Sur. Sin embargo, la tensión de su postura política es extrema, debido a su tamaño y ubicación modestos. En 2018, la revista China *Power* se refirió a Taiwán como una "democracia en evolución", un término apropiado para un país que probablemente todavía tiene que evolucionar.

Lea más libros de Captivating History

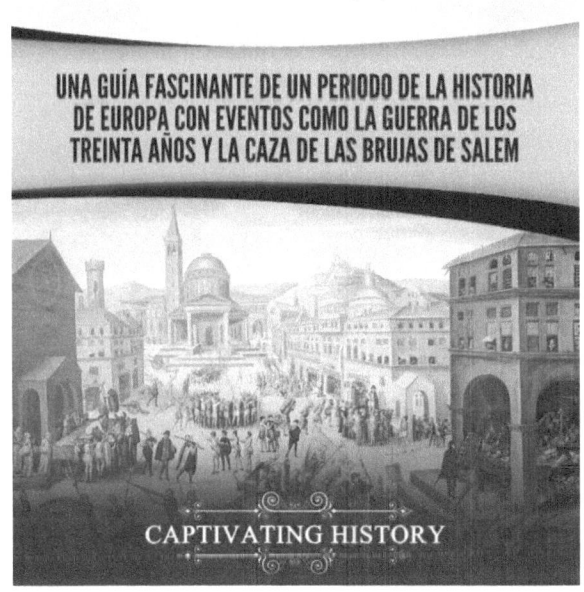

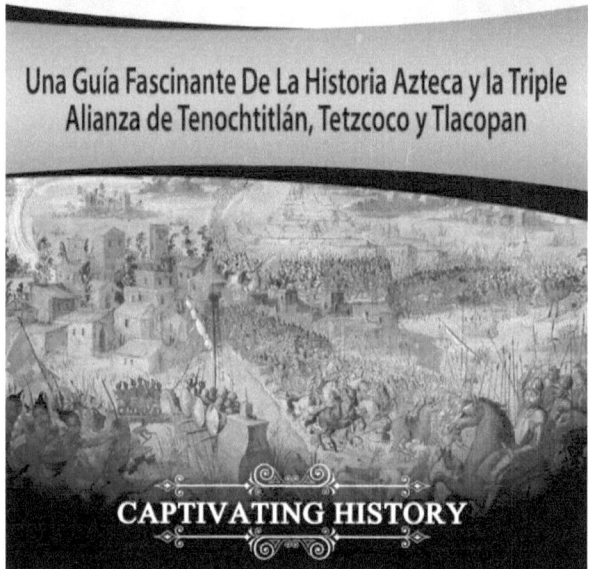

Bibliografía

"Perder la cabeza entre los cazadores de cabezas tatuados de Taiwán", recuperado de taiwan/https://www.larskrutak.com/loosing-your-head-among-the-tattooed-headhunters-of-taiwan/.

Blust, R. (1999) "Subgrouping, Circularity and Extinction: Some Issues in Austronesian Comparative Linguistics: In E. Zeithoun, P. K. Ki (eds), *Selected Papers from the Eighth Conferencia linguistica Internacional en Austronesia, Taipei.* Academia Sinca, pp. 31-94.

Chiu, Hsin-hui (2008) El proceso de civilización colonial en Formosa holandesa, 1624-1662 Brill.

Jiao, T. (2007) El neolítico del sudeste de China: transformación cultural e interacción regional en la costa. Cambria Press.

Katz, P. (2005) *Cuando los Vallen se tiñen de Rojo Sangre: El Incidente de Tapani en Taiwán Colonial.* University of Hawaii Press.

Singh, G. (2010) "Kuomintang, democratización y el principio de Una China", en Sharma, A. Chakrabarti, S. (eds) Taiwan Today, Anthem Press.

Hsu, Wen-hsiung (1980) "*De la isla aborigen a la frontera china: el desarrollo de Taiwán antes de 1683",* en Knapp, R. (ed) La frontera de la isla china: estudios en la geografía histórica de Taiwán. Prensa universitaria de Hawái.

Takekoshi, Y. (1907) *El dominio japonés en Formosa.* Green and Company.Wong, E. & Edmonson, C. (2019).

"La administración Trump planea vender más de $ 2 mil millones de armas a Taiwán", en New York Times, 2 de junio de 2019. Recuperado de https://www.nytimes.com/ 2019/06/06 / us / política / trump-taiwan-arms-sale.html.

¿Qué significa el Consenso de 1992 para los ciudadanos?" Recuperado de https://thediplomat.com/2018/11/what-does-the-1992-consensus-mean-to-citizens-in-taiwan/.

"Mar de China Meridional: China rompe un siglo de humillación", recuperado de https://oxfordre.com/asianhistory/view/10.1093/acrefore/9780190277727.001.0001/acrefore-9780190277727-e-157.

Moore, J. (2019) "Taiwán en Relaciones a través del Estrecho: desafíos actuales y desarrollos futuros". Informe del Departamento de Defensa de los Estados Unidos, 2 de julio de 2019.

McGovern, J. M. (1898) Entre los cazadores de cabezas de Formosa Prabhat Prakashan.

"El presidente Tsai Ing-wen promete defender la democracia mientras Taiwán celebra el 30 aniversario de la represión de Tiananmen", en South China Morning Post, 4 de junio de 2019. Recuperado de https://www.scmp.com/news/china/diplomacy/ artículo / 3013105 / presidente-tsai-ing-wen-promises-defender-democracia-taiwan-marcos.

www.ingramcontent.com/pod-product-compliance
Lightning Source LLC
LaVergne TN
LVHW042000060526
838200LV00041B/1804